DESSERTS EN 10 MINUTES

Anna Helm Baxter

Photographies de Lauren Volvo

MARABOUT

LES USTENSILES UTILISÉS DANS CE LIVRE

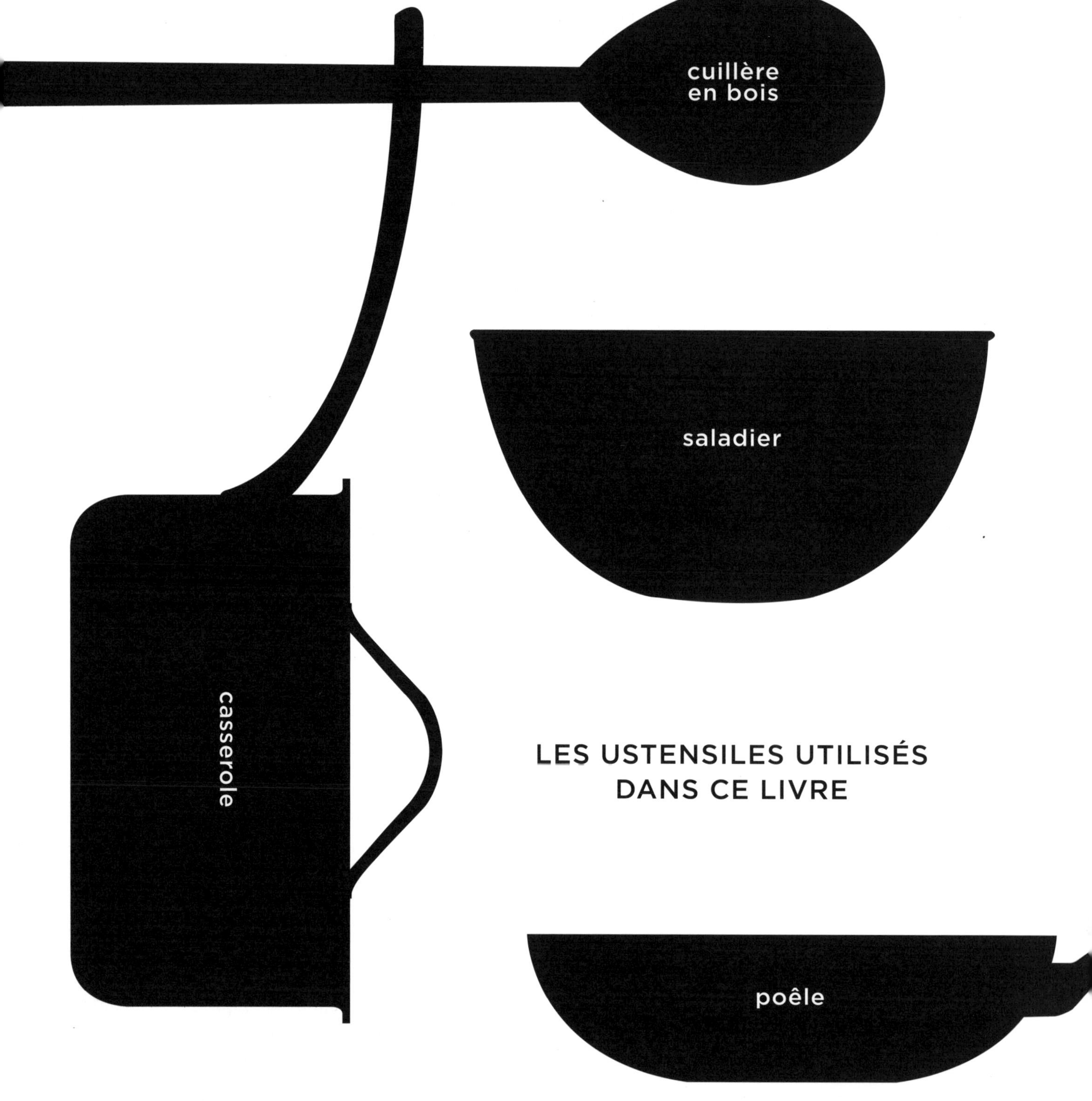

couteau
planche
batteur
électrique

SOMMAIRE

ÉPATANTS

GOURMANDS

AVANT-PROPOS

Avis aux amateurs de sucré ! La préparation des desserts peut être simple et rapide. Nul besoin d'être un pâtissier chevronné pour réaliser de beaux desserts, en 10 minutes à peine, avec quelques ustensiles de base.

La plupart des recettes de ce livre peuvent être préparées en 10 minutes seulement, du début à la fin. Certaines seront même encore plus rapides à faire lorsque vous les aurez déjà réalisées plusieurs fois. Quelques-unes requièrent un temps de réfrigération ou de cuisson supplémentaire, ce qui implique de les planifier, mais le temps de préparation reste le même.

Le secret d'une préparation rapide réside dans des placards et un réfrigérateur bien approvisionnés. Il est utile d'avoir en stock des biscuits de qualité, de la crème, de la glace, du chocolat, des fruits et du yaourt. Ce n'est pas parce que vous utilisez de la glace du commerce que vous ne pouvez pas réaliser un dessert fait maison : agrémentez-la, par exemple, de garnitures originales,

de fruits rôtis, de sauce caramel, ou déposez-la entre deux biscuits. Nous vous proposons toutefois pages 8-9 une technique pour réaliser de la glace sans turbine ni sorbetière. Pages 14-15, nous vous présentons les produits qui vous feront gagner un temps précieux.

Il est important de bien lire la recette avant de commencer, afin de gagner du temps et de vous familiariser avec les différentes étapes. Pour certaines préparations, il est nécessaire de peser tous les ingrédients avant de commencer, alors que pour d'autres, vous pourrez le faire pendant la cuisson. Tenez-en compte en lisant la recette et vous respecterez les 10 minutes chrono de préparation.

Nul doute que les gourmands souhaitant vous aider à réaliser ces desserts seront nombreux.

Alors... à vos tabliers !

COMMENT PRÉPARER DE LA GLACE ?

Rien de plus rapide et simple que de préparer de la glace soi-même. Et nul besoin de sorbetière. Deux ingrédients suffisent pour se lancer. Ensuite, vous pouvez personnaliser les saveurs comme bon vous semble et effectuer un dressage simple ou plus élaboré.

1.

DÉMARRER
Fouettez une grande boîte de 400 g de lait concentré sucré avec 600 ml de crème liquide entière très froide à l'aide d'un batteur électrique.

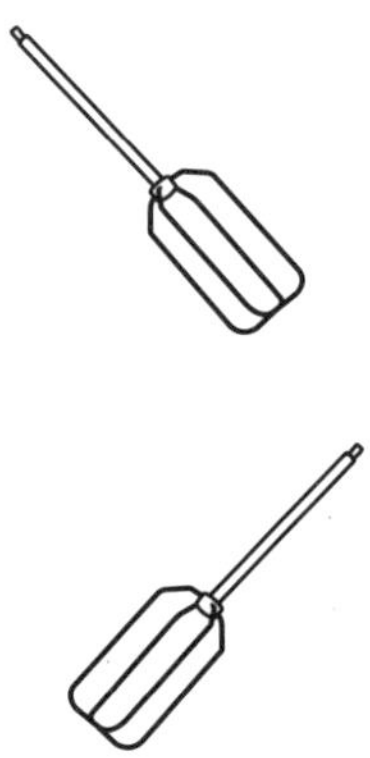

2.

AROMATISER
Ajoutez 1 cuillerée à café de l'arôme souhaité (augmentez la dose après l'étape 3, au besoin). Il est possible d'utiliser du zeste râpé d'orange, de citron ou de citron vert, des épices moulues comme de la cannelle, de la cardamome ou un mélange d'épices, et des extraits naturels, (vanille, menthe, amande, café...).

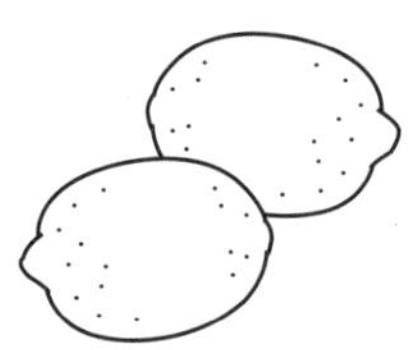

3.

FOUETTER
Fouettez la crème et le lait concentré avec un batteur électrique jusqu'à ce que des pointes souples se forment. À ce stade, ajoutez de l'arôme, si nécessaire.

4.

AGRÉMENTER
Faites preuve de créativité dans le choix des garnitures : petits morceaux de nougat, de chocolat, caramel, amandes, noisettes, biscuits ou fruits surgelés.

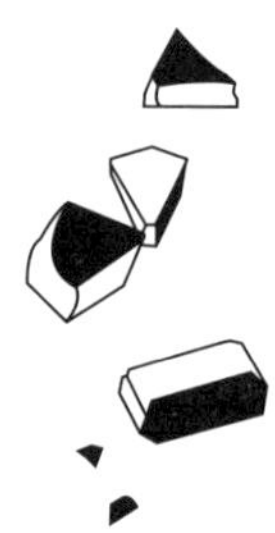

5.

MARBRER
Versez la préparation dans un moule à cake ou dans un récipient hermétique d'une contenance de 900 g. Ajoutez de la sauce au caramel ou au chocolat, du coulis de framboises, du sorbet légèrement fondu ou de la confiture, et réalisez un tourbillon à l'aide d'une spatule ou d'un couteau à bout rond.

6.

CONGELER
Placez la glace au congélateur. Si vous utilisez un moule à cake, couvrez de film alimentaire au bout de 1 heure.

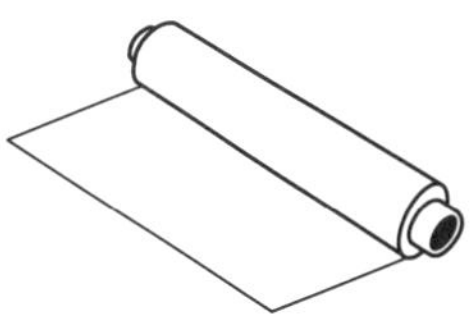

7.

DRESSER
Servez la glace entre deux biscuits ou des scones, sur de la génoise ou du pain grillés, dans un cône. Déposez-la dans un verre avec des dés de brownie au chocolat pour faire un sundae, ou avec des fruits rôtis. Les possibilités sont infinies.

8.

ARROSER
Ajoutez de la sauce au caramel ou au chocolat, du coulis de framboises ou de fraises. Pour une recette américaine, essayez la *ice cream float* : mettez des boules de glace sur une boisson gazeuse (soda, eau pétillante) mélangée à du sirop.

9.

DÉCORER
Trempez les biscuits fourrés de glace dans du chocolat fondu, puis dans des amandes hachées, des vermicelles multicolores ou une barre chocolatée hachée. Garnissez les sundaes de granola, de noix de coco râpée grillée, d'amandes hachées ou de crème Chantilly.

RÉALISER DES DESSERTS SPECTACULAIRES

La qualité du chocolat est essentielle pour réussir des desserts savoureux. Choisissez-en un dont la teneur en cacao et en beurre de cacao est élevée, et la texture lisse et brillante. Je vous conseille les chocolats de la marque Valrhona®, qui sont sans OGM, issus du commerce équitable et possèdent des arômes uniques et exceptionnels. Conservez le chocolat dans un endroit sombre et frais, à température ambiante.

HACHER

Pour un résultat optimal, hachez finement le chocolat avec un grand couteau cranté. Cela permet au chocolat de fondre de manière rapide et uniforme.

FONDRE

Au micro-ondes, faites-le fondre par sessions de 20 secondes à chaleur moyenne (remuez à chaque fois), jusqu'à ce qu'il soit presque fondu. Puis continuez à mélanger pour obtenir une texture lisse et homogène. Au bain-marie, placez-le dans un récipient posé au-dessus d'une casserole d'eau chaude, en veillant à ce que le fond ne touche pas l'eau. Remuez de temps en temps, jusqu'à ce que le chocolat soit presque fondu. Hors du feu, continuez à remuer pour obtenir une texture lisse et homogène.

RÂPER

Pour former des petits copeaux, râpez une tablette de chocolat à température ambiante avec un épluche-légumes, dans le sens de la longueur. Pour des copeaux plus gros, ramollissez la tablette au micro-ondes à 500 W (ou entre les paumes de vos mains), puis passez un épluche-légumes sur le côté en appuyant profondément.

TREMPER

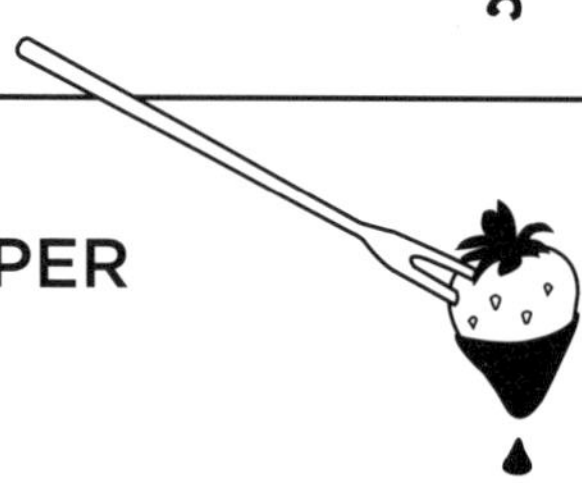

Utilisez une fourchette pour tremper des fruits, des biscuits ou des caramels dans le chocolat. Secouez pour retirer l'excédent de chocolat et laissez durcir sur une grille.

USTENSILES UTILES

Quelques ustensiles supplémentaires pourront vous servir pour accélérer la préparation et le dressage des desserts. Considérez-les comme vos commis en cuisine. Si seulement ils pouvaient aussi faire la vaisselle...

MOULE À CAKE	Utilisez un moule à cake pour congeler les glaces, les semifreddos et les cakes glacés.
TAPIS DE CUISSON (EN SILICONE)	Utilisez-le pour cuire les textures fragiles ou collantes et pour remplacer le papier sulfurisé.
MIXEUR ÉLECTRIQUE	Il permet de monter une chantilly plus rapidement.
BLENDER (OU EXTRACTEUR DE JUS)	Utilisez un blender ou un extracteur de jus pour préparer les granités, les milk-shakes et les sorbets.
CERCLE À PÂTISSERIE	Moins cher qu'un moule à tarte et très facile à utiliser.
CHALUMEAU	Un accessoire qui apporte une touche pro à un dessert simple.

SIROPS

Les sirops permettent de sucrer, épicer, parfumer et humidifier les desserts. Personnalisez vos sirops en vous inspirant des pages de ce livre.

Sirop de base - pour 150 ml

110 g de sucre en poudre
125 ml d'eau

recette

Dans une petite casserole, porter le sucre et l'eau à ébullition, puis laisser le sucre se dissoudre à feu doux. Retirer du feu et ajouter éventuellement un arôme. Une fois le sirop refroidi, le filtrer dans une passoire.

Le sirop se conserve sans problème 3 à 6 mois au réfrigérateur, dans un récipient hermétique – ce qui est utile pour un dîner improvisé. Vous pouvez préparer un sirop plus épais pour sucrer et parfumer une chantilly, en utilisant 3 portions de sucre pour 1 portion d'eau. Ajoutez 1 à 2 cuillerées à soupe de sirop froid dans 250 ml de crème liquide entière et fouettez jusqu'à ce que des pointes se forment. Goûtez et rectifiez la dose de sirop, si nécessaire.

ARÔMES

Les ingrédients ci-dessous vous permettront de parfumer facilement un sirop. Pelez les zestes d'agrumes avec un épluche-légumes et utilisez les épices entières pour que le sirop reste limpide.

GAINS DE TEMPS

Les ingrédients prêts à l'emploi sont un bon moyen de gagner du temps et facilitent la réalisation de desserts en moins de 10 minutes. Si vous avez certains d'entre eux sous la main, vous pourrez faire des prouesses en un rien de temps.

SAUCES
en 10 minutes

Il suffit parfois d'une sauce ou d'un coulis maison pour améliorer un dessert tout simple. Les sauces peuvent être confectionnées à l'avance et conservées au réfrigérateur pendant 5 jours dans un récipient hermétique. Les coulis de fruits peuvent être congelés 3 mois.

SAUCE AU CARAMEL AU BEURRE SALÉ

Préparation : 10 minutes

pour 325 ml

200 g de sucre en poudre
90 g de beurre doux à température ambiante
120 ml de crème liquide entière tiédie
1 cuillerée à café de gros sel

Sans gluten

recette

Faire chauffer une grande poêle sur feu vif. Quand elle est chaude, saupoudrer le sucre. Secouer la poêle jusqu'à ce qu'il fonde et prenne une couleur ambrée sur les bords. Retirer du feu et ajouter le beurre pour le faire fondre. Verser la crème en remuant (des bulles vont se former). Ajouter le sel et transvaser dans un récipient hermétique résistant à la chaleur.

GANACHE AU CHOCOLAT

Préparation : 10 minutes

pour 450 ml

250 g de chocolat noir finement haché
225 ml de crème liquide entière

Sans gluten

recette

Mettre le chocolat dans un récipient résistant à la chaleur. Faire chauffer la crème dans une petite casserole jusqu'à ce que des bulles commencent à se former sur les bords. Verser la crème chaude sur le chocolat et remuer pendant 1 minute. Laisser fondre 5 minutes, puis remuer pour obtenir un mélange bien lisse.

SAUCE FUDGE

Préparation : 10 minutes

pour 225 ml

100 ml de crème liquide entière
75 g de sirop d'érable
2 cuillerées à soupe de vergeoise
15 g de cacao amer en poudre
90 g de chocolat noir finement haché
10 g de beurre doux

Sans œuf

recette

Faire bouillir la crème, le sirop d'érable, le sucre, le cacao et la moitié du chocolat, puis laisser chauffer 5 minutes à feu doux. Retirer du feu. Ajouter le chocolat restant et le beurre. Mélanger pour obtenir une sauce bien lisse.

SAUCE AUX MYRTILLES

Préparation : 10 minutes

pour 300 ml

250 g de myrtilles
1 cuillerée à soupe de jus de citron
50 ml d'eau
50 g de sucre en poudre

Sans lactose

recette

Faire bouillir les myrtilles, le jus de citron, l'eau et le sucre dans une casserole. Baisser le feu et laisser épaissir légèrement pendant 5 minutes.

SAUCE AUX CERISES

Préparation : 10 minutes

pour 200 ml

340 g de cerises dénoyautées (fraîches ou surgelées et décongelées) coupées en deux
50 g de sucre en poudre
1 cuillerée à soupe d'eau

Sans gluten

recette

Mélanger les cerises, le sucre et l'eau dans une grande casserole. Porter à ébullition, baisser le feu et laisser cuire en remuant souvent, jusqu'à ce que les cerises se défassent et que le liquide forme un sirop épais.

COULIS DE FRAMBOISES

Préparation : 10 minutes

pour 175 ml

250 g de framboises
2 cuillerées à soupe de sucre glace
1 cuillerée à soupe de jus de citron

Sans lactose

recette

Faire cuire les framboises, le sucre et le jus de citron dans une poêle, jusqu'à ce que les framboises commencent à se défaire. Mixer afin d'obtenir une purée lisse, puis filtrer dans une passoire pour éliminer les grains.

CRÈME ANGLAISE

Préparation : 10 minutes

pour 500 ml

100 ml de crème liquide entière
400 ml de lait entier
3 gros jaunes d'œufs
2 ½ cuillerées à soupe de fécule de maïs
55 g de sucre roux
1 cuillerée à café d'extrait de vanille

Sans gluten

recette

Faire chauffer le lait et la crème dans une casserole, sur feu moyen. Retirer du feu juste avant l'ébullition. Fouetter les jaunes d'œufs, la fécule, le sucre et la vanille – le mélange doit être crémeux. Verser peu à peu le lait chaud en remuant. Remettre dans la casserole et faire chauffer sur feu moyen en mélangeant, jusqu'à ce que la crème épaississe.

SAUCE AU RHUM AMBRÉ

Préparation : 10 minutes

pour 150 ml

30 g de beurre doux
100 g de vergeoise
60 ml de crème liquide entière
1 cuillerée à soupe de rhum ambré
1 pincée de cannelle en poudre

Sans gluten

recette

Faire chauffer le beurre et le sucre dans une poêle, sur feu moyen, jusqu'à ce que le sucre soit fondu. Ajouter la crème, le rhum et la cannelle. Faire chauffer 1 minute à feu doux.

FRUITÉS
en 10 minutes

Les fruits sont la base idéale pour réaliser de nombreux desserts. Sucrés et juteux, ils apportent couleur et gaieté dans nos assiettes. N'hésitez pas à faire preuve de créativité pour changer de l'éternelle salade de fruits. Ce chapitre vous propose des recettes de fruits surgelés, rôtis, sautés et marinés.

FRUITS ROUGES & SAUCE CHOCOLAT BLANC

Préparation : 10 minutes

pour 4 personnes

450 g d'un mélange de fruits rouges surgelés (myrtilles, mûres, framboises, raisins rouges, petites fraises)
140 g de chocolat blanc haché (ou de pépites de chocolat blanc)
125 ml de crème liquide entière
4 amaretti émiettés

Sans gluten

37

recette

Dans une petite casserole sur feu moyen, faire chauffer la crème et le chocolat, jusqu'à ce que ce dernier fonde. Étaler les fruits surgelés sur une assiette et les arroser de sauce. Parsemer de biscuits émiettés.

ETON MESS

Préparation : 10 minutes

pour 4 personnes

450 g de fraises équeutées et coupées en quatre
400 ml de crème liquide entière bien froide
110 g de meringues (environ 12) légèrement écrasées
1 cuillerée à soupe de sucre en poudre

Sans gluten

recette

Saupoudrer le sucre sur les fraises. Réserver. Dans un saladier, fouetter la crème en chantilly souple. Mélanger avec les meringues, la plupart des fraises et leur jus. Verser dans des coupelles et disposer les fraises restantes sur le dessus.

MÛRES À LA CRÈME

Préparation : 10 minutes

pour 2 personnes

200 g de mûres
200 ml de crème liquide entière bien froide
2 cuillerées à soupe de jus de citron
40 g de sucre blond

Sans œuf

recette

Écraser les mûres avec le jus de citron et la moitié du sucre.
Fouetter la crème et le sucre restant en chantilly assez ferme.
Mélanger avec les mûres. Répartir dans des verres pour le service.

MOUSSE GLACÉE AUX FRAMBOISES

Préparation : 5 minutes

pour 4 personnes

225 g de framboises surgelées
500 g de fromage blanc
35 g de sucre glace
20 g d'amandes torréfiées grossièrement hachées
2 cuillerées à café de jus de citron vert

Sans gluten

recette

Mixer le fromage blanc, le sucre et le jus de citron vert. Ajouter les framboises et mélanger pour obtenir des marbrures roses. Répartir dans des bols et parsemer d'amandes.

POIRES RÔTIES FAÇON CRUMBLE

Préparation : 10 minutes + Cuisson : 35 minutes

pour 4 à 8 personnes

4 poires mûres coupées en deux et épépinées
50 g de cranberries fraîches
75 g de farine
35 g de beurre doux à température ambiante
35 g de vergeoise
1 pincée de sel fin

Sans fruit
à coque

recette

Préchauffer le four à 190 °C. Sabler le beurre et la farine du bout des doigts. Ajouter le sucre et le sel sans malaxer. Mettre les poires dans un plat à four, côté peau vers le bas. Déposer les cranberries dessus. Verser 4 cuillerées à soupe d'eau au fond du plat. Répartir le crumble sur les poires. Faire cuire 30 à 35 minutes – les poires doivent être tendres.

PASTÈQUE AU RHUM AMBRÉ

Préparation : 10 minutes + Réfrigération : 45 minutes

Sans gluten

pour 4 personnes

1 petite pastèque épépinée (1,5 kg environ) coupée en quatre puis en gros quartiers
1 portion de sirop de base (voir p. 12) préparé avec 50 ml de rhum ambré
2 citrons verts coupés en quartiers

recette

Disposer la pastèque sur une assiette creuse et arroser de sirop. Placer au réfrigérateur 45 minutes au moins, ou toute la nuit. Retirer les fruits du sirop et servir avec des quartiers de citron vert.

MELON VERT AU BASILIC, MENTHE & SEL

Préparation : 5 minutes

Sans sucre raffiné

pour 4 personnes

1 melon vert mûr, pelé, épépiné et coupé en gros morceaux
1 poignée de feuilles de basilic et de menthe
¼ de cuillerée à café de fleur de sel

recette

Mettre le melon sur une assiette. Ajouter le basilic et la menthe. Saupoudrer de fleur de sel.

AGRUMES AU SIROP & CITRON VERT

Préparation : 10 minutes

Sans gluten

pour 4 personnes

4 agrumes (par exemple pamplemousse, oranges, oranges sanguines)
2 cuillerées à soupe de sirop de base (voir p. 12) réfrigéré, préparé avec du zeste de citron vert et de la cardamome
Le zeste de 1 citron vert

recette

Retirer le zeste et la peau blanche des agrumes. Les couper en rondelles. Les arroser de sirop et parsemer de zeste de citron vert pour le service.

GRANITÉ DE PAMPLEMOUSSE & CONCOMBRE

Préparation : 10 minutes + Congélation : 4 heures

Sans lactose

pour 4 personnes

1 gros pamplemousse rose, sans peau blanche et coupé en segments
300 g de concombre épépiné, pelé et coupé en morceaux de 5 cm
1 cuillerée à soupe de jus de citron vert
50 ml de sirop de base (voir p. 12) préparé avec de la menthe fraîche

recette

Mixer les ingrédients. Verser dans un moule à cake (contenance : 900 g). Congeler pour faire durcir. Gratter avec une fourchette afin de former le granité. Servir dans des verres.

COMPOTE DE RHUBARBE VANILLÉE & YAOURT

Préparation : 10 minutes

pour 2 à 4 personnes

400 g de yaourt nature
350 g de rhubarbe pelée
et coupée en tronçons de 1 cm
100 ml de jus d'orange
50 g de sucre en poudre
¼ de cuillerée à café d'extrait de vanille
1 cuillerée à café de zeste d'orange

Sans gluten

recette

Mélanger la rhubarbe, le zeste d'orange, le jus d'orange, le sucre et la vanille dans une casserole. Faire cuire à feu moyen jusqu'à ce que la rhubarbe soit tendre. Pour servir, mélanger la compote avec le yaourt en formant des marbrures.

SMOOTHIE AUX BAIES D'AÇAÏ

Préparation : 10 minutes

pour 2 personnes

200 g de purée de baies d'açaï surgelée
100 g de yaourt nature
50 g de framboises surgelées
1 banane
1 cuillerée à soupe de fèves de cacao
2 cuillerées à soupe de granola (ou de muesli)
2 cuillerées à soupe de noix de coco râpée
75 ml d'eau environ (facultatif)

Sans œuf

recette

Mixer la purée de baies d'açaï, les framboises, la banane et le yaourt, en ajoutant un peu d'eau froide si nécessaire (sans dépasser 75 ml). Répartir le mélange dans des bols. Parsemer de fèves de cacao, de granola et de noix de coco râpée.

SORBET MINUTE À LA MANGUE

Préparation : 5 minutes

pour 4 personnes

450 g de morceaux de mangue surgelée
175 à 200 ml de jus d'orange

Sans sucre raffiné

recette

Mixer la mangue avec 175 ml de jus d'orange (ou un peu plus, si nécessaire), jusqu'à ce que la préparation soit lisse. Servir aussitôt ou congeler jusqu'au moment de servir.

SEMIFREDDO AU FRUIT DE LA PASSION

Préparation : 10 minutes + Congélation : 4 heures

pour 4 à 8 personnes

200 g de crème fraîche épaisse
150 ml de crème liquide entière froide
75 g de sucre en poudre
1 gros fruit de la Passion

Sans gluten

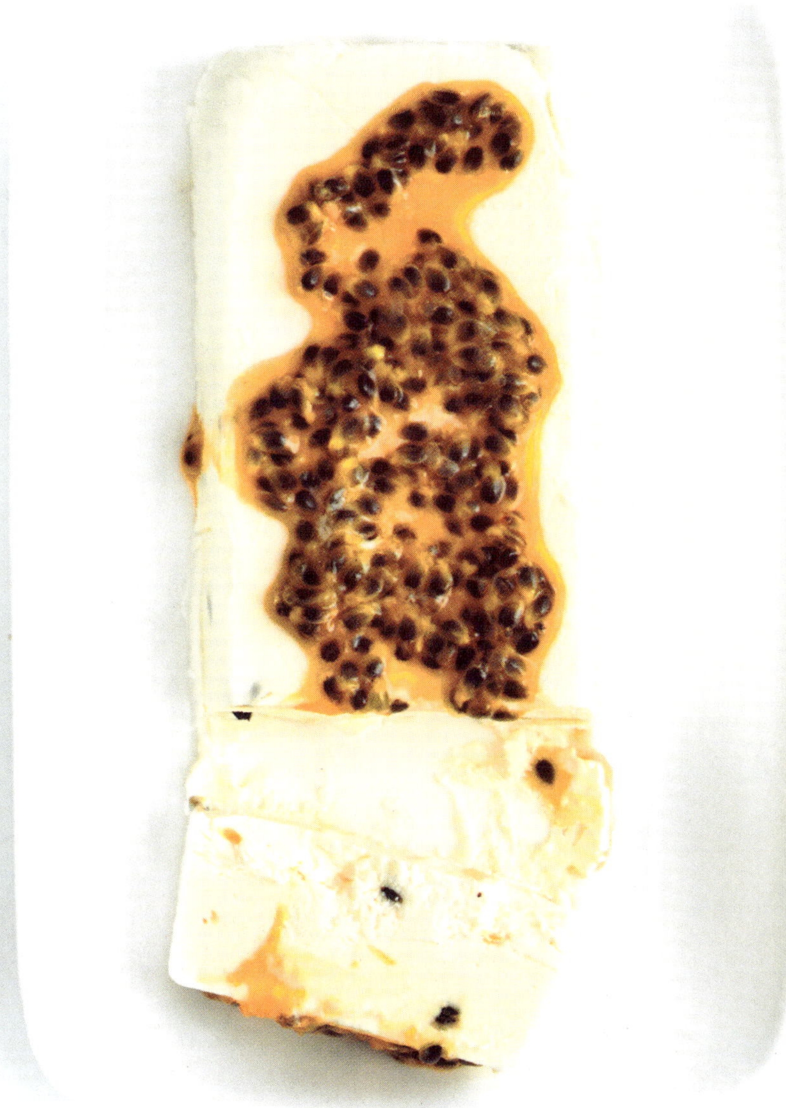

recette

Fouetter la crème liquide et le sucre jusqu'à ce que des pointes souples se forment. Procéder de la même manière avec la crème épaisse dans un autre saladier. Mélanger les préparations. Incorporer la moitié du fruit de la Passion. Verser dans un moule à cake (contenance : 450 g) tapissé de film alimentaire. Couvrir et placer au congélateur. Pour servir, démouler, retirer le film et étaler la pulpe de l'autre moitié du fruit de la Passion sur le dessus.

LIME PIE GLACÉE

Préparation : 10 minutes + Congélation : 4 heures

pour 4 à 8 personnes

100 g de spéculoos écrasés en fine chapelure
100 g de fromage frais
200 g de lait concentré sucré
125 ml de lait en poudre
60 ml de jus de citron vert (2 à 3 citrons verts)
50 g de beurre doux fondu
2 cuillerées à café de zeste de citron vert

Sans fruit à coque

recette

Mélanger les spéculoos et le beurre. Les presser dans un cercle de 15 cm de diamètre posé sur une plaque recouverte de papier sulfurisé. Battre le fromage frais. Ajouter les deux laits en fouettant jusqu'à ce que le mélange soit lisse. Incorporer le jus de citron vert et le zeste. Étaler dans le moule et placer au congélateur. Retirer le cercle avant de servir.

COUPE GLACÉE AUX CERISES

Préparation : 10 minutes

pour 4 personnes

500 ml de glace à la vanille
4 brownies (de 4 cm de côté environ) coupés en dés
8 cuillerées à soupe de graines de grenade
½ portion de sauce aux cerises (voir p. 26)
100 ml de crème liquide entière froide fouettée

Sans soja

recette

Placer les dés de brownies, la glace, les graines de grenade et la sauce dans des verres (contenance : 250 ml). Ajouter la crème fouettée dessus.

ANANAS & SAUCE AU RHUM AMBRÉ

Préparation : 10 minutes

pour 4 personnes

1 portion de sauce au rhum ambré (voir p. 32)
1 petit ananas pelé et coupé en rondelles épaisses
4 boules de glace à la vanille

Sans gluten

recette

Faire chauffer un gril en fonte sur feu vif. Y faire cuire l'ananas jusqu'à ce qu'il soit légèrement doré, 1 à 2 minutes par tranche. Placer dans des assiettes, ajouter la glace à la vanille et arroser de sauce.

PÊCHES MELBA RÔTIES

Préparation : 10 minutes

pour 4 personnes

4 pêches coupées en deux et dénoyautées
250 g de framboises
2 cuillerées à soupe de sucre en poudre blond
1 cuillerée à soupe de jus de citron
4 boules de glace à la vanille

Sans gluten

recette

Mélanger les framboises, le sucre et le jus de citron. Faire chauffer un gril en fonte sur feu vif. Y faire cuire les pêches, face coupée vers le bas, pendant 1 à 2 minutes, jusqu'à ce qu'elles soient légèrement dorées. Retourner et faire cuire 1 minute côté peau. Répartir dans des assiettes. Ajouter la glace et les framboises macérées.

PÊCHES CARAMÉLISÉES AU COCO

Préparation : 10 minutes

pour 4 personnes

4 pêches dénoyautées et coupées en quartiers
30 g de beurre doux
3 cuillerées à soupe de sucre en poudre
1 boîte de 400 ml de lait de coco, réfrigérée toute la nuit à l'envers
4 biscuits sablés légèrement écrasés

Sans fruit à coque

recette

Faire fondre le beurre et le sucre dans une poêle. Quand le sucre est dissous, ajouter les pêches et les laisser cuire en agitant la poêle de temps en temps – elles doivent commencer à caraméliser. Retirer du feu. Ouvrir la boîte de lait de coco et jeter l'eau. Le fouetter jusqu'à ce que des pointes assez fermes se forment. En garnir les pêches et parsemer le tout de sablés.

TARTELETTES POIRES, CHÈVRE & PISTACHE

Préparation : 5 minutes

pour 4 tartelettes

4 crackers sucrés (ou, à défaut, 8 petits-beurre)
100 g de fromage de chèvre frais à température ambiante
2 petites poires coupées en deux, épépinées et finement tranchées
4 cuillerées à soupe de sirop d'érable
2 cuillerées à soupe de sucre glace
1 cuillerée à soupe de pistaches décortiquées très finement hachées

Sans soja

67

recette

Écraser le fromage de chèvre avec le sucre glace. Étaler sur les biscuits.
Ajouter les tranches de poire, arroser de sirop d'érable et parsemer de pistaches.

TARTE AMANDE & FIGUES

Préparation : 10 minutes + Cuisson : 25 minutes

pour 6 à 8 personnes

200 g de figues coupées en tranches
1 pâte feuilletée (de 30 cm de diamètre environ)
50 g de poudre d'amandes
50 g de beurre doux à température ambiante
50 g de sucre glace
1 gros œuf battu + 1 gros jaune d'œuf

Sans soja

recette

Préchauffer le four à 190 °C. Poser un tapis de cuisson en silicone sur une plaque à pâtisserie. Mixer la poudre d'amandes, le sucre, le beurre et le jaune d'œuf. Étaler la pâte feuilletée sur le tapis de cuisson. Tracer une bordure de 2,5 cm de large avec la pointe d'un couteau sans découper la pâte. Recouvrir de préparation à l'amande, sauf sur la bordure, puis disposer les figues. Badigeonner la bordure d'œuf battu. Enfourner pour 20 à 25 minutes.

BÂTONNETS DE BANANE AU CHOCOLAT

Préparation : 5 minutes

pour 4 bâtonnets

175 g de pistoles de chocolat au lait
40 g de cacahuètes grillées non salées hachées
4 petites bananes pelées et congelées avec des bâtonnets de glace plantés au centre

Sans gluten

recette

Faire fondre le chocolat dans un pichet à large ouverture (contenance : 750 ml). Tremper les bananes congelées dans le chocolat pour les recouvrir aux deux tiers. Tapoter sur le rebord du pichet pour retirer l'excédent de chocolat et saupoudrer aussitôt de cacahuètes. Placer sur une plaque recouverte de papier sulfurisé et servir aussitôt.

GALETTE POIRES & MÛRES

Préparation : 5 minutes + Cuisson : 40 minutes

pour 4 personnes

1 pâte brisée de 25 cm de diamètre
400 g de poires mûres, épépinées et finement tranchées
175 g de mûres
30 g de sucre en poudre + 1 cuillerée à café
1 gros œuf légèrement battu

recette

Préchauffer le four à 190 °C. Poser un tapis de cuisson en silicone sur une plaque à pâtisserie. Mélanger les poires et les mûres avec 30 g de sucre. Étaler la pâte sur le tapis de cuisson. Disposer les fruits au centre, en laissant une bordure de 3 cm. Rabattre cette dernière sur les fruits, la badigeonner d'œuf et saupoudrer de sucre. Enfourner pour 35 à 40 minutes, jusqu'à ce que la pâte soit dorée.

SUCETTES GLACÉES CITRONNADE & FRAISE

Préparation : 10 minutes + Congélation : 3 heures

pour 4 à 6 sucettes glacées

200 ml de citronnade non gazeuse
140 g de fraises équeutées

Sans lactose

recette

Mixer les fraises et la citronnade. Verser dans 6 moules à bâtonnets glacés (contenance : 70 ml) ou 4 caissettes en papier (contenance : 105 ml). Faire prendre au congélateur. Pour les caissettes en papier, ajouter les bâtonnets en bois au bout de 1 heure.

ÉPATANTS
en 10 minutes

Un dessert clôt agréablement un dîner.
Vous trouverez dans ce chapitre des recettes chics et rapides. Une crème sera sublimée si vous la servez dans de la vaisselle raffinée. C'est donc le moment de sortir vos plus belles assiettes et vos plus beaux verres.

ICEBOX CAKES AU CARAMEL

Préparation : 10 minutes + Réfrigération : 8 heures

pour 4 icebox cakes

20 g de biscuits au chocolat noir
(ou 10 biscuits Oreo® sans la crème)
200 ml de crème liquide entière
1 cuillerée à soupe de sucre en poudre
1 cuillerée à soupe de confiture de lait
Copeaux de chocolat, pour décorer

Sans fruit à coque

recette

Fouetter la crème et le sucre jusqu'à ce que des pointes assez fermes se forment. Poser 4 biscuits à plat et recouvrir chacun d'eux avec 2 cuillerées à café de crème fouettée. Répéter l'opération 4 fois, en terminant par une couche de crème. Placer au réfrigérateur toute la nuit. Faire chauffer la confiture de lait au micro-ondes (puissance douce) et verser sur les biscuits. Parsemer le dessus de copeaux de chocolat.

CRÈME AU CITRON & MYRTILLES

Préparation : 10 minutes + Réfrigération : 2 heures

pour 4 personnes

600 ml de crème liquide entière
100 g de sucre en poudre
2 cuillerées à café de zeste de citron râpé
25 ml de jus de citron meyer (de préférence, ou de citron)
50 ml de jus de citron (environ 2 citrons)
1 poignée de myrtilles

Sans gluten

recette

Faire chauffer 500 ml de crème et le sucre sur feu doux. Lorsque le sucre est fondu, laisser chauffer 1 minute. Retirer du feu, ajouter le jus de citron et le zeste (en réserver pour le décor). Répartir dans 4 ramequins. Placer 2 heures au réfrigérateur. Fouetter le reste de crème bien froide en chantilly. En garnir les crèmes, puis ajouter les myrtilles et le zeste restant.

VERRINES À LA MANGUE & NOIX DU BRÉSIL

Préparation : 5 minutes + Réfrigération : 1 à 2 heures

pour 2 personnes

300 g de yaourt à la grecque
1 mangue pelée, dénoyautée et coupée en dés
2 cuillerées à soupe de vergeoise
40 g de noix du Brésil grillées grossièrement hachées

Sans gluten

recette

Mélanger la mangue et le yaourt. Répartir dans des coupelles ou des verrines (contenance : 250 ml). Saupoudrer de sucre. Couvrir de film alimentaire et placer 1 à 2 heures au réfrigérateur – le sucre doit avoir fondu. Parsemer de noix du Brésil.

FIGUES AU FROMAGE BLANC & MIEL

Préparation : 5 minutes

pour 4 personnes

175 g de figues fraîches coupées en tranches
250 g de fromage blanc
20 g de pistaches décortiquées grossièrement hachées
4 cuillerées à café de miel

Sans œuf

recette

Répartir le fromage blanc dans 4 assiettes et ajouter les figues. Arroser de miel et parsemer de pistaches.

TARTE AU CITRON MERINGUÉE DÉSTRUCTURÉE

Préparation : 10 minutes

pour 4 personnes

2 biscuits sablés émiettés
4 cuillerées à soupe de lemon curd
50 g de sucre en poudre
1 gros blanc d'œuf

Sans fruit à coque

recette

Répartir le lemon curd dans 4 assiettes. L'étirer avec le dos d'une cuillère pour lui donner la forme d'une virgule. Parsemer les miettes de sablés dessus. Fouetter le blanc d'œuf pour qu'il soit épais et mousseux, puis incorporer le sucre – 1 cuillerée à soupe à la fois – jusqu'à ce que des pointes fermes se forment. Ajouter la meringue dans les assiettes et en dorer la surface au chalumeau.

FONTAINEBLEAU

Préparation : 10 minutes + Réfrigération : 8 heures

pour 4 personnes

100 g de crème fraîche épaisse
100 ml de crème liquide entière
175 g de fromage frais
35 g de sucre glace
½ cuillerée à café d'extrait de vanille
1 portion de coulis de framboises (voir p. 28)

Sans gluten

recette

Battre le fromage frais afin de l'assouplir. Ajouter la crème épaisse, la crème liquide et le sucre. Fouetter pour raffermir la préparation. Tapisser 4 moules en forme de cœur de 10 cm de diamètre (ou 1 moule en forme de cœur de 18 cm de diamètre) de 3 couches de mousseline. Répartir la crème dans les moules. Placer toute la nuit au réfrigérateur. Démouler sur des assiettes et servir avec le coulis.

CRÈME BRÛLÉE

Préparation : 5 minutes

pour 4 personnes

1 portion de crème anglaise (voir p. 30) ou 500 g de crème anglaise prête à l'emploi
8 cuillerées à café de cassonade

Sans fruit à coque

recette

Répartir la crème anglaise dans 4 ramequins (contenance : 175 ml). Saupoudrer uniformément le sucre dessus. Le faire fondre sous le gril du four ou à l'aide d'un chalumeau. Pour plus de croquant, placer les crèmes 10 à 30 minutes au réfrigérateur avant de servir.

SORBET AU PROSECCO

Préparation : 5 minutes

pour 4 personnes

½ bouteille de 750 ml de prosecco
4 boules de sorbet (de différents parfums)

Sans lactose

recette

Disposer les boules de sorbet dans des coupes à champagne.
Les arroser de prosecco et servir aussitôt.

AFFOGATO

Préparation : 5 minutes

pour 4 personnes

4 expressos doubles (ou 200 ml de café fort)
500 ml de glace à la vanille
25 g de noisettes grillées légèrement écrasées
Copeaux de chocolat ou chocolat râpé, pour le décor

Sans gluten

recette

Mettre 2 boules de glace dans 4 verres résistant à la chaleur (contenance : 175 ml). Arroser de café chaud, puis parsemer de noisettes et de copeaux de chocolat.

CRÈME VANILLÉE À LA PÊCHE

Préparation : 5 minutes + Cuisson : 40 minutes

pour 4 personnes

1 petite pêche dénoyautée et coupée en tranches
1 portion de crème anglaise (voir p. 30)

Sans fruit à coque

recette

Préchauffer le four à 150 °C. Répartir la crème anglaise dans 4 ramequins (contenance : 175 ml). Disposer les tranches de pêche dessus. Placer les ramequins dans un plat à four profond. Remplir d'eau chaude à mi-hauteur et enfourner pour 40 minutes.

TIRAMISU AUX CERISES

Préparation : 10 minutes

pour 4 personnes

300 g de mascarpone
4 cuillerées à soupe d'amaretto
8 biscuits à la cuillère
2 cuillerées à soupe de sucre en poudre
1 portion de sauce aux cerises réfrigérée (voir p. 26)
4 cuillerées à soupe de cerises amarena dans leur sirop
2 gros jaunes d'œufs

Sans soja

recette

Fouetter les jaunes d'œufs et le sucre jusqu'à ce que le mélange blanchisse. Ajouter le mascarpone et la moitié de l'amaretto. Remuer – la préparation doit être lisse. Mélanger l'amaretto restant avec la sauce aux cerises. Casser les biscuits en morceaux et répartir la moitié dans 4 verres (contenance : 225 ml). Verser la moitié de la sauce aux cerises et de la crème, puis recommencer avec le reste des ingrédients. Garnir de quelques cerises amarena.

MINI-PAVLOVAS NECTARINE-MANGUE

Préparation : 10 minutes

pour 4 pavlovas

½ mangue pelée, dénoyautée et coupée en tranches
1 nectarine dénoyautée et coupée en dés
50 g de mascarpone
50 ml de crème liquide entière
1 cuillerée à soupe de confiture d'abricot
4 meringues en forme de nid

Sans fruit à coque

recette

Fouetter le mascarpone et la crème liquide jusqu'à ce que des pointes se forment. Incorporer la confiture, puis disposer cette crème dans les meringues. Recouvrir de fruits.

SORBET AU MASCARPONE & AMANDES

Préparation : 10 minutes

pour 4 personnes

55 g d'amandes torréfiées et hachées
100 g de mascarpone
125 ml de crème liquide entière
500 ml de sorbet aux fruits (parfum au choix)
85 g de sucre en poudre

Sans gluten

recette

Faire chauffer une poêle sur feu vif. Lorsqu'elle est bien chaude, y verser le sucre. Le laisser fondre et blondir en agitant la poêle (mais sans remuer). Ajouter les amandes et mélanger. Faire refroidir sur une plaque à pâtisserie huilée. Couper en bâtonnets. Fouetter le mascarpone et la crème jusqu'à ce que des pointes souples se forment. Servir les boules de sorbet avec la crème fouettée et les amandes caramélisées.

MOUSSE AU CHOCOLAT MINUTE

Préparation : 10 minutes

pour 4 personnes

260 g de chocolat noir très finement râpé
200 ml d'eau bouillante

Sans œuf

recette

Mettre le chocolat dans un récipient résistant à la chaleur puis verser l'eau chaude et fouetter jusqu'à ce que le chocolat soit complètement fondu. Placer le récipient dans un saladier rempli d'eau glacée et continuer à fouetter – la préparation doit ressembler à de la chantilly. Retirer aussitôt de l'eau glacée et servir dans des coupelles ou des verres.

TRUFFES AU CHOCOLAT

Préparation : 10 minutes + Réfrigération : 4 heures

pour 20 truffes

100 ml de crème liquide entière
300 g de chocolat noir très finement haché
20 g de cacao amer en poudre

Sans gluten

recette

Tapisser un moule à cake (contenance : 900 g) de papier sulfurisé. Mettre le chocolat dans un saladier résistant à la chaleur. Faire chauffer la crème dans une casserole sans la laisser bouillir. La verser sur le chocolat et remuer jusqu'à ce qu'il soit fondu. Remettre dans la casserole sur feu doux et mélanger si nécessaire. Verser dans le moule. Placer au réfrigérateur pour faire durcir, puis laisser à température ambiante avant de découper en carrés. Saupoudrer de cacao.

GELÉE AU CITRON

Préparation : 10 minutes + Réfrigération : 3 heures

pour 4 personnes

100 g de sucre en poudre
150 ml de jus de citron
4 feuilles de gélatine
300 ml d'eau
150 g de framboises

Sans lactose

recette

Faire tremper la gélatine 5 minutes dans de l'eau froide. Porter 150 ml d'eau et le sucre à ébullition, puis laisser chauffer 1 minute sur feu doux – le sucre doit avoir fondu. Essorer la gélatine et l'ajouter dans la casserole. Remuer pour la faire fondre. Verser dans un saladier. Incorporer le reste d'eau et le jus de citron. Répartir la préparation dans 4 verres (contenance : 175 à 225 ml). Faire prendre au réfrigérateur. Décorer avec des framboises.

MADELEINES À LA RICOTTA & CONFITURE

Préparation : 5 minutes

pour 4 personnes

8 madeleines
4 cuillerées à soupe de ricotta
8 cuillerées à café de confiture de framboises

Sans fruit à coque

recette

Étaler la ricotta sur les madeleines et recouvrir de confiture.
Répartir dans 4 assiettes à dessert pour servir.

TIRAMISU

Préparation : 10 minutes + Réfrigération : 2 à 8 heures

pour 6 à 8 personnes

28 biscuits à la cuillère
550 ml de café fort froid
450 g de mascarpone
400 ml de crème liquide entière bien froide
85 g de sucre en poudre
1 cuillerée à soupe de brandy
Chocolat râpé pour le décor

Sans fruit à coque

recette

Fouetter le mascarpone et le sucre. Ajouter la crème. Fouetter de nouveau, jusqu'à ce que des pointes fermes se forment. Incorporer 1 cuillerée à soupe de café. Mélanger le café restant et le brandy dans une assiette creuse. Y tremper les biscuits. Disposer la moitié des biscuits dans un moule carré de 23 cm de côté. Étaler la moitié de la crème et recommencer avec le reste des ingrédients. Placer 2 à 8 heures au réfrigérateur. Parsemer de chocolat râpé.

TIRAMISU MINUTE

Préparation : 5 minutes

pour 4 personnes

16 biscuits à la cuillère
180 ml de café froid
125 g de mascarpone
150 ml de crème liquide entière bien froide
1 cuillerée à soupe de sucre en poudre
1 cuillerée à café de cacao amer en poudre

Sans fruit à coque

recette

Fouetter le mascarpone, la crème liquide et le sucre jusqu'à ce que des pointes souples se forment. Mettre 2 biscuits à la cuillère dans chaque assiette et les arroser de café. Déposer 1 cuillerée de crème fouettée sur les biscuits. Répéter l'opération en superposant des biscuits et la crème. Saupoudrer de cacao.

TIRAMISU AU LIMONCELLO

Préparation : 10 minutes + Réfrigération : 2 heures

pour 6 personnes

16 biscuits à la cuillère
175 g de mascarpone
175 g de ricotta
250 ml de crème liquide entière bien froide
50 ml de jus de citron + 2 cuillerées à café de zeste de citron
1 cuillerée à soupe de limoncello
1 portion de sirop de base réfrigéré (voir p. 12)
25 g de sucre en poudre

Sans fruit à coque

recette

Mélanger le sirop, le jus de citron et le limoncello. Battre le mascarpone, la ricotta, la moitié du zeste et le sucre. Incorporer la crème liquide. Fouetter jusqu'à ce que des pointes fermes se forment. Tremper la moitié des biscuits dans le sirop. Les étaler dans le fond d'un plat de 16 x 25 cm. Recouvrir avec la moitié de la crème fouettée, puis répéter l'opération avec le reste des ingrédients. Placer au moins 2 heures au réfrigérateur. Parsemer du zeste restant.

GRANITÉ AU BOURBON

Préparation : 10 minutes + Congélation : 3 heures

pour 4 personnes

250 ml de citronnade
250 ml de thé noir
250 ml de jus d'orange
100 ml de bourbon

Sans gluten

recette

Congeler le thé, le jus d'orange et la citronnade dans un bac à glaçons. Mixer ensuite avec le bourbon. Verser dans des verres pour servir.

CRÈME CARAMEL

Préparation : 10 minutes + Cuisson : 35 minutes + Réfrigération : 3 heures

pour 4 personnes

135 g de sucre en poudre
600 ml de lait entier
2 gros œufs + 2 jaunes d'œufs
1 cuillerée à café d'extrait de vanille
1 pincée de sel fin

Sans gluten

recette

Préchauffer le four à 150 °C. Faire caraméliser 100 g de sucre dans une poêle chaude. Répartir dans 4 ramequins (contenance : 225 ml). Placer dans un plat à four. Faire chauffer le lait sans le laisser bouillir. Fouetter les œufs, les jaunes, le sel et le sucre restant dans un saladier. Ajouter le lait sans cesser de fouetter, puis la vanille. Verser dans les ramequins. Remplir le plat d'eau bouillante à mi-hauteur des ramequins. Enfourner pour 35 minutes. Placer 3 heures au réfrigérateur. Décoller le bord avec un couteau et démouler sur les assiettes.

MILLE-FEUILLE AUX FRAMBOISES

Préparation : 10 minutes

pour 4 mille-feuilles

125 g de framboises
12 gaufrettes
125 ml de crème liquide entière bien froide
1 cuillerée à soupe de sucre glace + un peu pour servir
1 cuillerée à café de zeste d'orange finement haché

Sans fruit à coque

recette

Fouetter la crème liquide et le sucre jusqu'à ce que des pointes se forment. Ajouter le zeste d'orange. Transvaser dans une poche munie d'une douille en forme d'étoile. Sur chaque assiette, disposer la moitié des framboises sur une gaufrette, en les espaçant. Ajouter la crème fouettée entre les framboises à l'aide de la poche à douille. Recommencer et terminer par une gaufrette. Saupoudrer de sucre glace et servir.

PANNA COTTA & GRENADE

Préparation : 10 minutes + Réfrigération : 4 heures

pour 4 personnes

500 ml de crème liquide entière
50 g de sucre en poudre
1 cuillerée à café d'extrait de vanille
3 feuilles de gélatine
graines de grenade

Sans gluten

recette

Faire tremper la gélatine dans de l'eau froide pendant 5 minutes. Faire chauffer la crème, le sucre et la vanille jusqu'à ce que le sucre soit dissous. Essorer la gélatine et l'ajouter à la crème chaude pour la faire fondre. Filtrer. Répartir dans 4 moules à pudding et laisser prendre 4 heures environ au réfrigérateur. Démouler en renversant sur les assiettes. Parsemer de graines de grenade.

TRIFLE MANGUE, MYRTILLES & PIMM'S®

Préparation : 10 minutes

pour 4 personnes

125 g de mangue pelée et coupée en dés
125 g de myrtilles
200 ml de crème liquide entière bien froide
2 tranches de quatre-quarts sans la croûte et coupées en dés
40 ml de sirop de base (voir p. 12) préparé avec 2 cuillerées à soupe de Pimm's®

Sans fruit
à coque

recette

Répartir le quatre-quarts dans 4 verres (contenance : 175 à 200 ml). Verser le sirop. Ajouter les myrtilles et la mangue – réserver quelques fruits. Recouvrir de crème préalablement fouettée. Disposer les fruits réservés sur le dessus.

MARBRÉ DE SORBET & GLACE

Préparation : 5 minutes + Congélation : 1 heure

pour 4 personnes

500 ml de glace à la vanille
125 g de sorbet aux fruits (parfum au choix)

Sans gluten

recette

Fouetter la glace avec un batteur électrique jusqu'à ce qu'elle soit souple mais encore ferme. En mettre la moitié dans un récipient adapté à la congélation. Ajouter des cuillerées de sorbet et mélanger avec un couteau pour marbrer la préparation. Recommencer avec le reste de glace et de sorbet. Servir aussitôt ou placer au congélateur pour obtenir une glace plus ferme.

CRÊPES AU CITRON & SUCRE

Préparation : 5 minutes

pour 4 personnes

4 crêpes du commerce pliées en quatre
15 g de beurre doux
1 cuillerée à soupe de zeste de citron
4 cuillerées à soupe de jus de citron
4 cuillerées à café de sucre en poudre

Sans fruit à coque

131

recette

Faire fondre le beurre dans une poêle sur feu moyen, jusqu'à ce qu'il mousse. Y déposer les crêpes et les faire chauffer de chaque côté. Les mettre sur un plat. Saupoudrer de sucre et de zeste de citron. Arroser de jus de citron. Servir aussitôt.

CROQUANTS AUX AMANDES & CACAO

Préparation : 10 minutes + Repos : 15 minutes

pour 4 personnes

55 g d'amandes effilées grillées
20 g de fèves de cacao
85 g de sucre en poudre
35 g de beurre doux
½ cuillerée à café de gros sel
3 cuillerées à soupe d'eau

Sans gluten

133

recette

Faire fondre le sucre, l'eau et le beurre dans une casserole, sur feu moyen. Augmenter le feu et faire chauffer sans remuer pour obtenir un caramel blond. Étaler les amandes et les fèves de cacao sur un tapis de cuisson en silicone. Les arroser de caramel, puis saupoudrer de sel. Laisser durcir avant de couper en morceaux.

BOULES DE DATTES À LA NOIX DE COCO

Préparation : 10 minutes

pour 10 boulettes

85 g de noix de coco râpée
200 g de dattes dénoyautées
2 cuillerées à soupe de cacao amer en poudre

Sans sucre raffiné

recette

Mixer les dattes, 60 g de noix de coco râpée et le cacao en poudre dans un robot. Former 10 boulettes de la taille d'une balle de golf et les rouler dans la noix de coco restante. Servir aussitôt.

GOURMANDS
en 10 minutes

Les desserts sont souvent synonymes de réconfort.
Nous vous proposons ici de délicieuses recettes
qui vous permettront d'assouvir toutes vos envies
de desserts gourmands – chauds, onctueux, croquants,
crémeux ou tout simplement chocolatés.

BISCUITS FOURRÉS À LA GLACE À LA PISTACHE

Préparation : 5 minutes

pour 4 biscuits fourrés

8 sablés ronds
4 boules de glace à la pistache
30 g de pistaches décortiquées grossièrement hachées

Sans soja

recette

Mettre la glace entre 2 biscuits et rouler les côtés dans les pistaches hachées.

GLACE À LA MENTHE & PÉPITES DE CHOCOLAT

Préparation : 10 minutes + Congélation : 4 heures

pour 4 personnes

150 g de lait concentré sucré
100 g de chocolat noir haché
300 ml de crème liquide entière bien froide
½ à 1 cuillerée à café d'extrait de menthe
1 poignée de petites feuilles de menthe + quelques-unes pour le décor
Biscuits trempés dans du chocolat fondu, pour le décor

Sans fruit à coque

recette

Mettre le lait concentré, la crème et l'extrait de menthe dans un saladier préalablement réfrigéré. À l'aide d'un batteur électrique, fouetter la préparation jusqu'à ce que des pointes fermes se forment. Incorporer le chocolat haché et les feuilles de menthe. Placer dans un récipient et faire prendre au congélateur. Décorer avec des feuilles de menthe et les biscuits.

RIZ AU LAIT VANILLÉ

Préparation : 10 minutes

pour 4 personnes

180 g de riz rond à cuisson rapide
1 l de glace à la vanille
100 ml d'eau
4 cuillerées à soupe de confiture de fruits

Sans gluten

recette

Faire fondre la glace avec l'eau dans une casserole. Ajouter le riz
et porter à frémissement. Couvrir et laisser reposer 5 minutes hors du feu.
Verser aussitôt dans des bols et recouvrir de confiture.

BISCUITS FOURRÉS À LA GLACE CHOCOLAT-CERISE

Préparation : 5 minutes + Congélation : 10 minutes

pour 4 biscuits fourrés

85 g de chocolat noir finement haché
8 biscuits nappés de chocolat
4 boules de glace au chocolat et à la cerise

Sans fruit à coque

recette

Mettre une boule de glace entre deux biscuits et placer au congélateur sur du papier sulfurisé, le temps de faire fondre le chocolat. Tremper la moitié des biscuits dans le chocolat fondu et laisser prendre 5 minutes au congélateur.

FONDANTS AU CHOCOLAT

Préparation : 10 minutes + Cuisson : 14 minutes

pour 4 fondants

200 g de chocolat noir haché
85 g de sucre en poudre
35 g de farine tamisée
3 gros œufs
100 g de beurre doux à température ambiante + un peu pour les moules
Cacao amer en poudre

Sans fruit à coque

recette

Préchauffer le four à 200 °C. Beurrer 4 moules à pudding (contenance : 250 ml). Faire fondre le chocolat et le beurre dans une casserole sur feu doux, en remuant. Fouetter les œufs et le sucre. Ajouter le chocolat et la farine en continuant à fouetter. Verser dans les moules placés sur une plaque à pâtisserie et enfourner pour 14 minutes. Démouler aussitôt les fondants sur des assiettes et les saupoudrer de cacao.

CUPCAKES AU SUNDAE

Préparation : 5 minutes

pour 4 cupcakes

4 cupcakes à la vanille
4 boules de glace à la vanille
4 cuillerées à café de sauce au caramel et au chocolat
4 cerises au marasquin

Sans fruit à coque

recette

Couper le sommet des cupcakes et le recouvrir d'une boule de glace. Arroser de sauce et poser une cerise sur le dessus.

BANANES FLAMBÉES

Préparation : 10 minutes

pour 4 personnes

4 bananes pelées et coupées en deux
500 ml de glace à la vanille
75 g de de vergeoise
20 g de cacahuètes non salées, grillées et hachées
75 ml de rhum ambré
30 g de beurre doux

Sans gluten

recette

Faire fondre le beurre dans une poêle sur feu moyen. Verser le sucre et remuer pendant 1 minute. Ajouter les bananes. Les laisser cuire 1 minute de chaque côté. Retirer du feu, incorporer le rhum. Remettre sur le feu et faire flamber le rhum. Servir les bananes encore flambantes avec la glace à la vanille et les cacahuètes.

MOCACCINO GLACÉ

Préparation : 5 minutes

pour 2 à 4 personnes

100 ml de lait entier
150 ml de café froid
100 ml de crème liquide entière bien froide
4 à 6 cuillerées à soupe de sauce au chocolat + un peu pour servir
3 grosses poignées de glaçons

Sans gluten

recette

Mixer le café, le lait, la sauce au chocolat et les glaçons dans un blender, jusqu'à ce que la glace soit pilée. Verser dans des verres. Fouetter la crème en chantilly et en déposer sur le mocaccino. Arroser de sauce au chocolat.

MENDIANTS

Préparation : 10 minutes + Réfrigération : 20 minutes

pour 450 g

375 g de chocolat noir haché
30 g de pistaches décortiquées grossièrement hachées
15 g de baies de goji

Sans lactose

recette

Huiler un moule carré de 23 cm de côté. Le tapisser de papier sulfurisé. Faire fondre le chocolat au bain-marie. Le verser dans le plat en couche uniforme. Le parsemer de baies de goji et de pistaches. Placer au réfrigérateur pour faire durcir. Retirer le papier sulfurisé et casser le chocolat en morceaux.

CRUMBLE AUX POMMES

Préparation : 10 minutes

pour 2 personnes

300 g de pommes pelées, épépinées
et coupées en morceaux de 1 cm
40 g de granola
40 g de sucre en poudre blond
1 cuillerée à soupe de jus de citron
½ portion de crème anglaise (voir p. 30)
25 g de beurre doux

Sans soja

recette

Faire revenir le beurre, les pommes, le sucre et le jus de citron 5 à 7 minutes, jusqu'à ce que les pommes soient tendres et légèrement caramélisées. Verser dans des bols et ajouter le granola. Au moment de servir, arroser de crème anglaise.

FONDUE AU CHOCOLAT

Préparation : 5 minutes

pour 4 personnes

1 portion de ganache au chocolat (voir p. 20)
Fraises, dés de quatre-quarts, bretzels, raisins surgelés, marshmallows

Sans fruit à coque

recette

Réchauffer la ganache sur feu doux. La répartir dans 4 petits ramequins. Servir avec l'assortiment d'ingrédients à tremper et des petites brochettes.

BARRES CHOCOLATÉES AUX BISCUITS & FRUITS SECS

Préparation : 10 minutes + Réfrigération : 1 heure

pour 4 personnes

100 g de digestive biscuits légèrement écrasés
150 g de chocolat noir (ou d'un mélange de chocolat noir et au lait) haché
50 g d'abricots secs grossièrement hachés
40 g de raisins secs
30 g de noix du Brésil hachées
50 g de beurre doux
75 g de sirop d'érable)

Sans œuf

recette

Faire fondre le chocolat, le beurre et le sirop d'érable dans une casserole. Incorporer les ingrédients restants. Verser dans un cercle à pâtisserie de 15 cm de diamètre recouvert de film alimentaire et posé sur une plaque à pâtisserie. Placer au réfrigérateur afin de faire durcir. Couper en morceaux pour servir.

TOASTS AU CHOCOLAT & CRÈME FRAÎCHE

Préparation : 10 minutes

pour 2 personnes

½ baguette coupée en tranches de 1 cm d'épaisseur, en biais
125 g de ganache au chocolat (voir p. 20)
25 g de beurre doux ramolli
4 cuillerées à soupe de crème fraîche épaisse

Sans fruit à coque

recette

Beurrer les toasts des deux côtés. Les faire griller dans une poêle, sur feu moyen, en les retournant. Retirer du feu. Bien les napper de ganache. Les empiler sur les assiettes et déposer de la crème fraîche dessus.

MOUSSE AU CHOCOLAT BLANC

Préparation : 10 minutes

pour 2 à 4 personnes

8 biscotti aux amandes
100 g de pistoles de chocolat blanc
125 ml de crème liquide entière
2 gros blancs d'œufs
½ portion de coulis de framboises (voir p. 28)

Sans soja

recette

Faire fondre le chocolat avec la crème sur feu très doux. Monter les blancs en neige, puis en incorporer un tiers dans le chocolat fondu. Ajouter délicatement les blancs restants. Répartir dans 4 verres ou coupelles (contenance : 125 ml). Verser le coulis sur la mousse. Servir aussitôt avec les biscotti ou placer au réfrigérateur.

PAIN PERDU & SAUCE AUX MYRTILLES

Préparation : 10 minutes

pour 4 personnes

4 tranches de brioche
2 cuillerées à soupe de lait entier
125 g d'amandes effilées
1 cuillerée à soupe de sucre en poudre
30 g de beurre doux
2 gros œufs
1 portion de sauce aux myrtilles (voir p. 24)
Crème fraîche épaisse, pour le décor

Sans soja

recette

Fouetter les œufs, le sucre et le lait. Tremper la brioche dans ce mélange, de chaque côté, puis dans les amandes. Faire fondre le beurre dans une poêle antiadhésive, sur feu moyen. Laisser cuire les tranches de brioche jusqu'à ce qu'elles soient dorées, en les retournant. Les disposer sur des assiettes, les arroser de sauce et déposer de la crème fraîche dessus.

CHEESECAKE SANS CUISSON

Préparation : 10 minutes + Réfrigération : 2 heures

pour 6 à 8 personnes

225 g de fromage frais à température ambiante
100 g de biscuits au chocolat noir (ou 10 biscuits Oreo® sans la crème) finement écrasés
60 ml de crème liquide entière bien froide
50 g de beurre doux fondu
2 cuillerées à soupe de sucre en poudre
½ cuillerée à café d'extrait de vanille
1 portion de sauce aux myrtilles (voir p. 24)

Sans fruit
à coque

recette

Tapisser un moule à cake (contenance : 450 g) de papier sulfurisé en le faisant dépasser sur les côtés les plus longs. Mélanger les biscuits émiettés et le beurre. Les presser au fond du moule. Battre le fromage frais et le sucre. Ajouter la crème et fouetter à vitesse réduite, pour bien l'incorporer. Fouetter ensuite plus fort, jusqu'à ce que la crème soit ferme. Ajouter l'extrait de vanille et étaler la préparation sur les biscuits. Placer 2 heures au réfrigérateur. Napper de sauce au moment de servir.

BROWNIE AUX FRAMBOISES & NOISETTES

Préparation : 10 minutes + Cuisson : 25 minutes

pour 12 parts

140 g de petites framboises
250 g de pépites de chocolat noir
150 g de sucre en poudre
175 g de beurre doux coupé en petits morceaux
100 g de poudre de noisettes ou d'amandes
3 œufs à température ambiante
50 g de cacao amer en poudre

Sans gluten

recette

Préchauffer le four à 180 °C. Tapisser un moule carré de 23 cm de côté avec du papier sulfurisé. Faire fondre 175 g de chocolat avec le beurre. Battre les œufs et le sucre jusqu'à ce que le mélange blanchisse. Incorporer le chocolat fondu, puis la poudre de noisettes, le cacao, le chocolat restant et les framboises. Verser dans le moule. Faire cuire 25 minutes au four. Laisser refroidir avant de servir.

TARTE TATIN EXPRESS

Préparation : 10 minutes + Cuisson : 30 minutes

pour 4 à 8 personnes

350 g de pommes croquantes (Pink Lady, granny-smith ou braeburn) pelées, épépinées et coupées en tranches de 5 mm
300 g de pâte feuilletée étalée en cercle de 24 cm de diamètre et 5 mm d'épaisseur
100 g de sucre en poudre
35 g de beurre doux coupé en dés
1 pincée de gros sel

recette

Préchauffer le four à 200 °C. Faire chauffer une poêle de 20 cm de diamètre allant au four. Y verser le sucre. Le faire caraméliser en agitant la poêle. Retirer du feu, ajouter le beurre et le sel. Mettre les pommes dans la poêle et les faire cuire 2 minutes en les nappant avec le caramel. Poser la pâte sur les pommes en rentrant les bords à l'intérieur de la poêle à l'aide d'une cuillère en bois. Faire cuire 30 minutes au four, jusqu'à ce que la pâte soit dorée. Laisser reposer 5 minutes puis démouler en retournant la poêle.

TORTUES AUX NOIX DE PÉCAN

Préparation : 10 minutes + Réfrigération : 30 minutes

pour 8 tortues

100 g de pistoles de chocolat blanc
50 g de cerneaux de noix de pécan
8 caramels mous coupés en deux

Sans œuf

recette

Préchauffer le four à 180 °C. Sur une plaque à pâtisserie recouverte d'un tapis de cuisson en silicone, former 8 tas avec les noix de pécan (4 cerneaux par tas), en les espaçant de 5 cm. Poser les caramels dessus. Faire fondre au four 2 à 3 minutes. Verser le chocolat préalablement fondu. Laisser prendre au réfrigérateur.

PRUNES AU GINGEMBRE & GÉNOISE GRILLÉE

Préparation : 10 minutes

pour 4 personnes

450 g de prunes variées dénoyautées et coupées en quartiers
4 tranches de quatre-quarts grillées
50 g de sucre en poudre
100 g de crème fraîche épaisse
25 g de beurre doux
25 g de gingembre frais pelé et finement râpé
1 étoile de badiane

recette

Faire fondre le beurre dans une poêle sur feu moyen à vif. Ajouter le sucre, le gingembre et la badiane. Incorporer les prunes et faire dorer 4 minutes, en mélangeant de temps en temps, jusqu'à ce qu'elles commencent à caraméliser. Répartir sur les tranches de quatre-quarts et garnir de crème fraîche.

BANOFFEE PIE

Préparation : 10 minutes

pour 4 à 8 personnes

110 g de confiture de lait
125 g de digestive biscuits écrasés
1 grosse banane pelée et coupée en rondelles
150 ml de crème liquide entière bien froide
75 g de beurre doux fondu
Copeaux de chocolat, pour le décor

Sans œuf

recette

Mélanger les biscuits avec le beurre. Les presser dans un cercle à pâtisserie de 15 cm de diamètre posé sur une plaque recouverte de papier sulfurisé. Étaler la confiture de lait sur les biscuits et recouvrir de rondelles de banane. Fouetter la crème en chantilly, puis l'étaler sur les bananes. Décorer avec les copeaux de chocolat.

CRÈME GLACÉE NUTELLA®-BANANE

Préparation : 5 minutes

pour 4 personnes

100 g de Nutella®
4 petites bananes surgelées
20 g de noisettes grillées légèrement écrasées
20 g de cacao amer en poudre

Sans gluten

recette

Mixer les bananes, le Nutella® et le cacao dans un robot. Former des boules de crème glacée, les mettre dans des bols et les parsemer de noisettes. Servir aussitôt.

SUCETTES GLACÉES AU NUTELLA®

Préparation : 10 minutes + Congélation : 2 heures

pour 4 à 6 sucettes

300 ml de lait de coco bien mélangé
150 g de Nutella®

Sans gluten

recette

Fouetter le Nutella® et le lait de coco. Répartir dans des moules à glace (contenance : 70 ou 125 ml) ou dans des caissettes en papier. Faire prendre au congélateur. Pour les caissettes en papier, ajouter les bâtonnets en bois au bout de 1 heure.

CORNETS DE GLACE PILÉE AU SIROP

Préparation : 5 minutes

pour 2 personnes

4 cuillerées à soupe de sirop de fruit
6 grosses poignées de glaçons

Sans fruit à coque

recette

Broyer les glaçons pour obtenir de la glace pilée. Répartir dans des cornets ou des gobelets. Arroser de sirop et servir.

FUDGE AU CHOCOLAT & GINGEMBRE CONFIT

Préparation : 10 minutes + Repos : 4 heures

pour 18 parts

200 g de chocolat noir finement haché
1 boîte de lait concentré sucré de 400 g
20 g de gingembre confit haché
¼ de cuillerée à café de fleur de sel

Sans gluten

recette

Faire chauffer le lait concentré et le laisser frémir 5 minutes dans une casserole – sans le porter à ébullition. Retirer du feu et ajouter le chocolat. Remuer jusqu'à ce que ce dernier soit fondu et lisse. Verser dans un moule à cake (contenance : 900 g) tapissé de papier sulfurisé. Parsemer de gingembre et de sel. Laisser durcir et couper en parts.

SORBET FLOTTANT

Préparation : 5 minutes

pour 4 personnes

500 ml de glace à la vanille
½ orange coupée en petits triangles
500 ml de soda gazeux à l'orange

Sans fruit à coque

recette

Mettre des boules de glace dans 4 verres (contenance : 275 à 300 ml). Verser le soda. Faire une petite incision dans les morceaux d'orange et les poser sur le rebord des verres.

INDEX

REMERCIEMENTS

La réalisation d'un livre est complexe : cet ouvrage n'aurait pu voir le jour sans l'aide précieuse de Catie Ziller, Kathy Steer et Alice Chadwick. Je remercie également Lauren Volo pour son remarquable travail de photographe, et Jade Zimmerman, qui est une assistante merveilleuse mais aussi mon amie. Un grand merci à Valrhona® (le roi des chocolatiers), qui sait donner une saveur exceptionnelle à mes desserts, et à Häagen-Dazs® – les délicieuses glaces de cette marque sont un plaisir à utiliser.

Je remercie également ma famille et tout mon petit monde,
Don, Charlie et Poppy, que j'aime par-dessus tout.

Ouvrage coréalisé en Grande-Bretagne par :
Coordination éditoriale : Catie Ziller
Suivi éditorial : Kathy Steer
Auteur : Anna Helm Baxter
Photographe : Lauren Volvo
Graphiste et illustratrice : Alice Chadwick

Pour la traduction française :
Suivi éditorial : Marion Pipart - La Nouvelle
Traduction : Florence Raffy
Préparation des textes : Céline de Quéral
Relecture : Sabrina Bendersky
Maquette : François Giraudet

PAPIER À BASE DE FIBRES CERTIFIÉES

MARABOUT
s'engage pour l'environnement en réduisant l'empreinte carbone de ses livres.
Celle de cet exemplaire est de :
1600 g éq. CO_2
Rendez-vous sur
www.hachette-durable.fr

58, rue Jean Bleuzen
92178 Vanves Cedex

20-6309-2/01

ISBN : 978-2-501-10962-8

Dépôt légal : février 2016

Achevé d'imprimer en janvier 2016
sur les presses de STIGE, en Italie